Alphabet
Dot to Dot

Sterling Publishing Co., Inc.
New York

10 9

Published by Sterling Publishing Co., Inc.
387 Park Avenue South, New York, NY 10016
© 2004 by Balloon Books—De Ballon nv Belgium
Distributed in Canada by Sterling Publishing
C/o Canadian Manda Group, 165 Dufferin Street
Toronto, Ontario, Canada M6K 3H6

Printed in China
All rights reserved

Sterling ISBN-13: 978-1-4027-1835-9
          ISBN-10: 1-4027-1835-7

For information about custom editions, special sales, premium and
corporate purchases, please contact Sterling Special Sales
Department at 800-805-5489 or specialsales@sterlingpub.com

b d f h j l n p r t v x z

a c e g i k m o q s u w y

a b c d e f g h i j k l m n

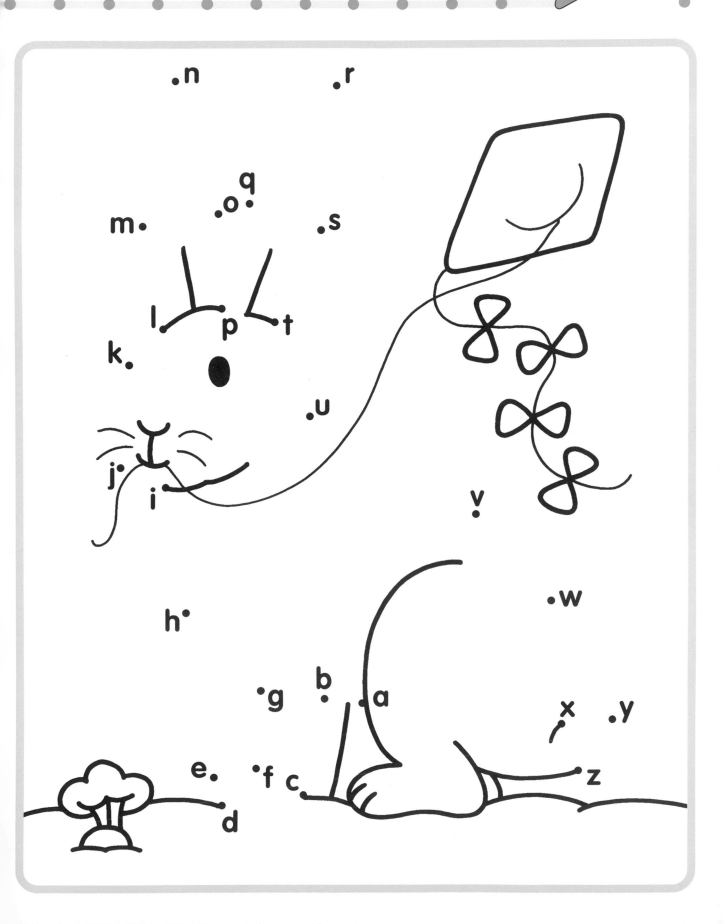

a b c d e f g h i j k l m n

o p q r s t u v w x y z

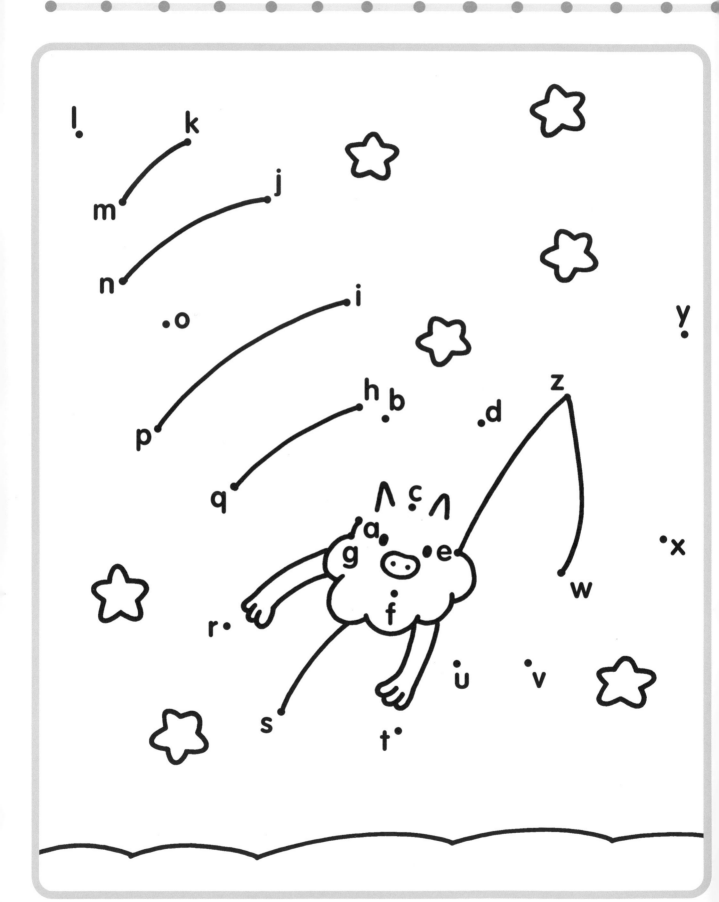

o p q r s t u v w x y z

p q r s t u v w x y z

a b c d e f g h i j k l m n

p q r s t u v w x y z

a b c d e f g h i j k l m

a b c d e f g h i j k l m n

a b c d e f g h i j k l m n

o p q r s t u v w x y z

o p q r s t u v w x y z

a b c d e f g h i j k l m n

p q r s t u v w x y z

o p q r s t u v w x y z

a b c d e f g h i j k l m n

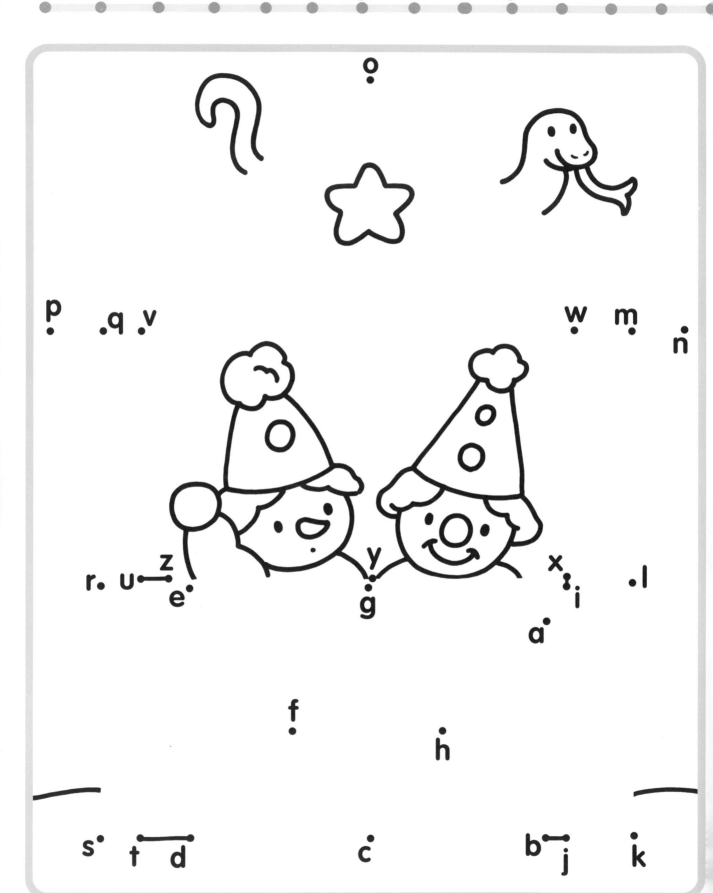

o p q r s t u v w x y z

a b c d e f g h i j k l m n

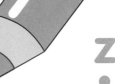

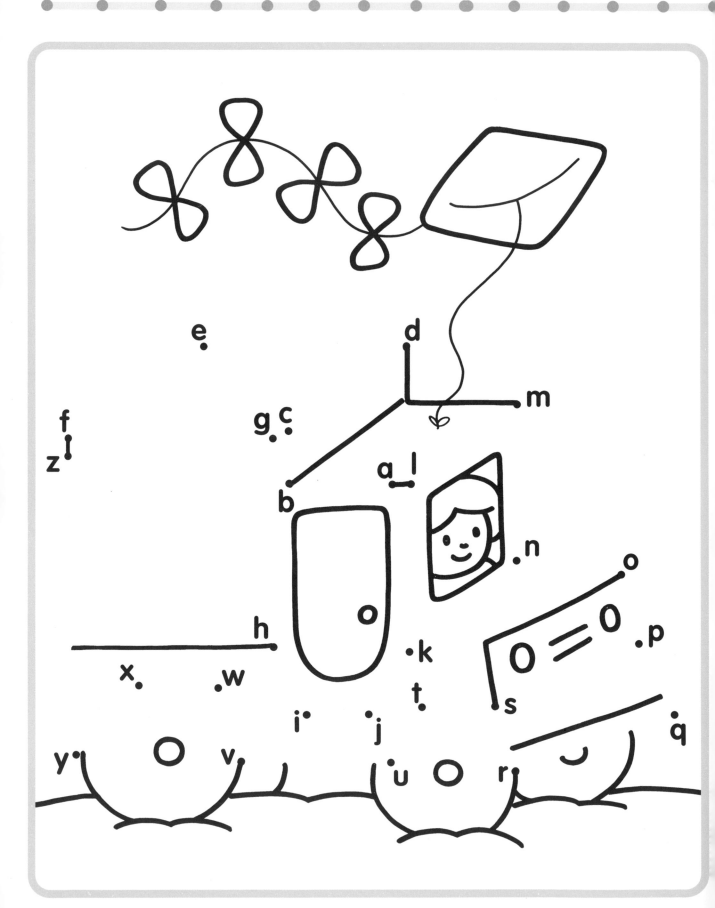

p q r s t u v w x y z

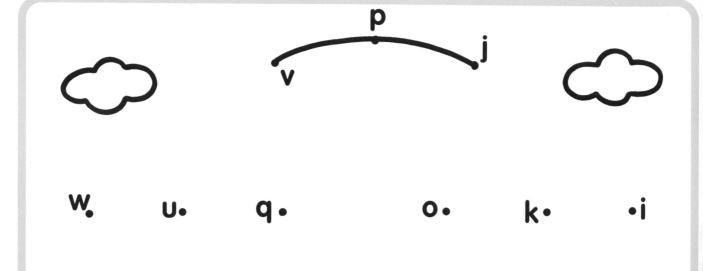

a b c d e f g h i j k l m

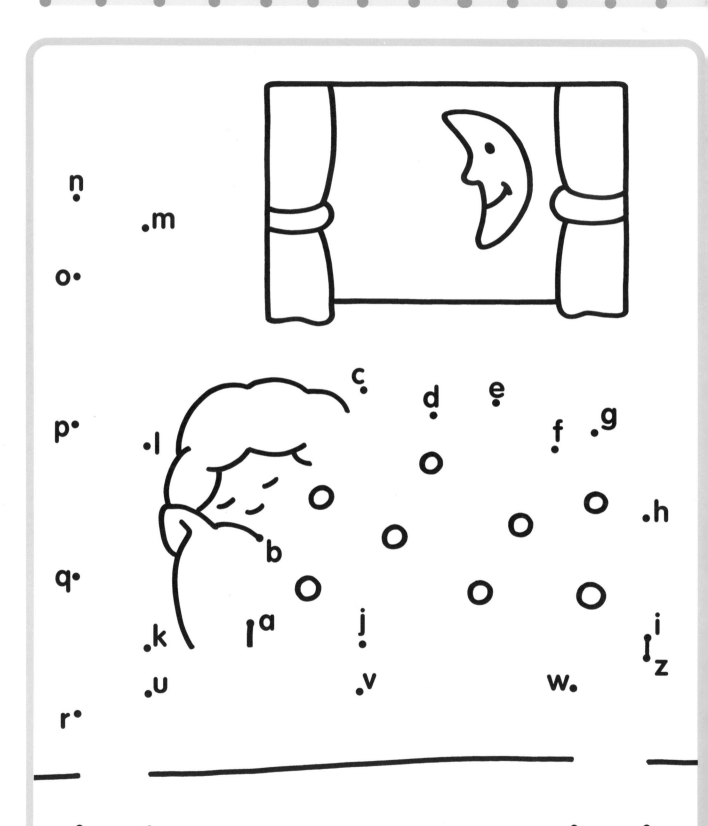

p q r s t u v w x y z

a b c d e f g h i j k l m r

p q r s t u v w x y z

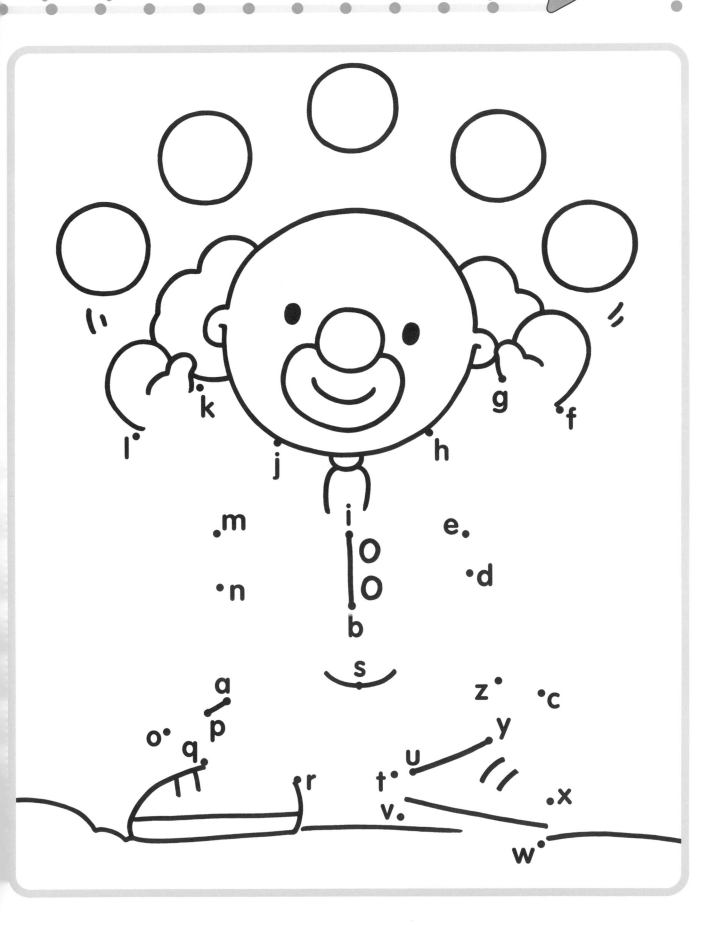

p q r s t u v w x y z

k   l___o   p___s   t

j___   q
   m   n   r___u

w
i

z   v
g

h

w
i

z
a   b   c   f

x   y   d   e

a b c d e f g h i j k l m

o p q r s t u v w x y z

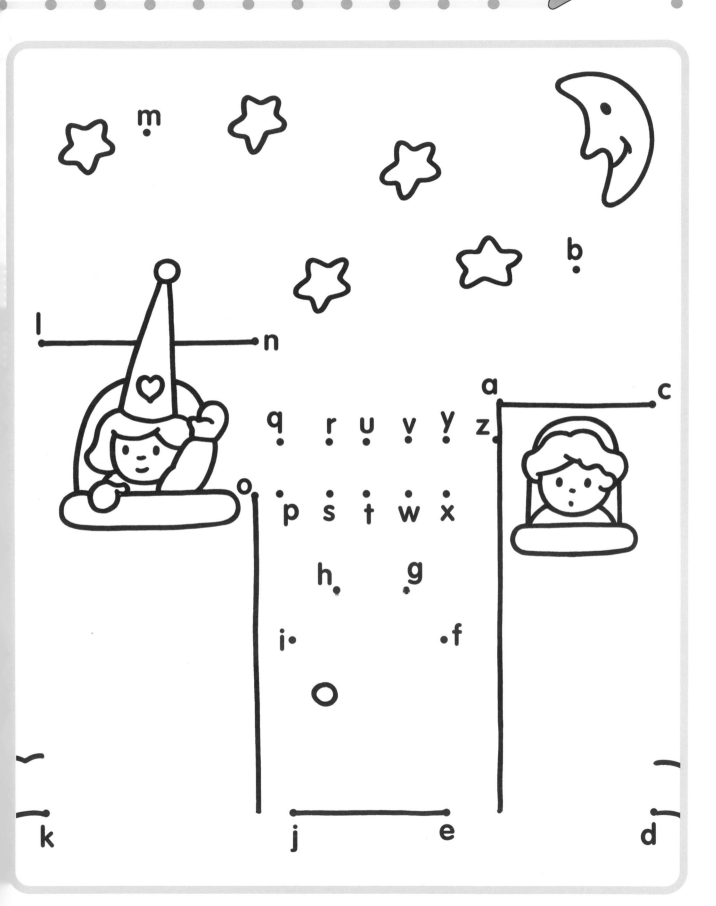

m

b

l — n

a — c

q r u v y z

p s t w x

h g

i• •f

O

k j e d

b d f h j l n p r t v x z

a c e g i k m o q s u w y